This Is Us
Losing Count

OTHER TITLES IN THE CALICO SERIES

That We May Live
Home
Elemental
Cuíer

ВОТ МЫ СО счёта сбились

This Is Us Losing Count

Eight Russian Poets

CALICO

Two Lines Press
582 Market Street, Suite 700, San Francisco, CA 94104
www.twolinespress.com

ISBN: 978-1-949641-27-1

Cover design by Crisis
Typesetting and interior design by LOKI

Printed in the United States of America

Library of Congress Cataloging-in-Publication Data available upon request.

THIS BOOK WAS PUBLISHED WITH SUPPORT
FROM THE NATIONAL ENDOWMENT FOR THE ARTS.

Alla Gorbunova
Translated by ELINA ALTER
12

Ekaterina Simonova
Translated by IL'IA KARAGULIN
38

Galina Rymbu
Translated by EUGENE OSTASHEVSKY
54

Olga Sedakova
Translated by MARTHA KELLY
80

Nikita Sungatov
Translated by VALERIYA YERMISHOVA
92

Irina Kotova
Translated by MATVEI YANKELEVICH
126

Aleksandra Tsibulia
Translated by CATHERINE CIEPIELA
142

Oksana Vasyakina
Translated by ELINA ALTER
156

Contributors
185

Credits
193

Алла
Горбунова

Alla
Gorbunova

Алла
Горбунова

Alla Gorbunova

Алла Горбунова

Alla Gorbunova

TRANSLATED BY ELINA ALTER

в клумбах у дома
войлок цветочный:
валенки трав и жёлтые бутоны, листья
пахнут, как сонные сборы:
ромашка, пустырник,
безымянные травки сорные,
безъязыкие, осени детки приёмные,
пахнут потерянным летом,
старческой затхлостью, нежностью,
корпуса машин в жёлтых листьях
этажи, и прохожих шаги, матюги,
сигаретки их тлеют, где-то в люках задраенных
глубоко слышен шум воды;
где-то гогочет шпана, занавески
задёрнуты в окнах, только горшки
на подоконниках — признаки жизни,
да кот одинокий, бредущий вдоль края земли;
засыхает шиповник, и люди здесь бедно живут,

in the garden plots by the house
a fiber of flowers:
grass woolens and yellow buds, leaves
smelling like drowsy departure:
chamomile, motherwort,
grassy weeds lacking a name,
lacking language, foster children of fall,
smelling like the vanished summer,
the musk of old age, tenderness,
hoods and roofs of cars covered in yellow leaves,
the stories of houses, footfalls of passersby, cursing,
their cigarettes glowing, somewhere in sealed-up drains
the rush of water sounds far below;
somewhere guys cackle, curtains
are drawn in the windows, only pots
on the windowsills as signs of life,
and a lone cat slinking along at the end of the earth;
the rosehips are drying up, and people live poorly here,

работают допоздна, а в субботу пьяны;
злы их собаки с тремя головами и рвутся
с поводка, лгут телевизоры их о ядерном рае,
пока позёмкой берёзовой листья вьются у края земли,
каркает ворона, как оплакивая изгнанье,
мяукает кот, как проснувшийся в вечной ночи,
здесь моё место,
здесь буду губами ловить пар из люков струящийся
утром под колкими звёздами

work late, get drunk Saturdays,
their three-headed dogs are mean and tear
from their leashes, their TVs lie about nuclear heaven,
as whirling birch leaves gust at the end of the earth,
a crow caws as though mourning an exile,
a cat meows like one awake in eternal night,
my place is here,
here I'll catch with my lips the steam that pours from the grates
in a morning beneath bristling stars

в облачной башне
на 25-м этаже
в окно видна промзона, лесок, деревня

раньше на месте высоток
стояли сельские дома
их снесли

но прямо за нашим домом
за кольцом маршруток
осталась старая Салтыковка

там проходит линия
между двадцатипятиэтажками и посёлком

в посёлке есть старая церковь, погост
икона, на которой улыбается Христос
и добрая беззубая продавщица в церковной лавке

in the cloud tower
on the 25th story
through the window you can see the industrial zone, some trees, a village

before the high-rises
village houses stood here
they were torn down

but just behind our building
beyond the bus terminal point
the old settlement of Saltykovka remains

a line passes
between the twenty-five-story buildings and the settlement

an old church is there, a country graveyard
an icon with Christ smiling
a kind, toothless saleslady in the church shop

есть церковный пруд
грязная разбитая тропа вдоль железной дороги

мне много снилось такое пространство
смыкание города и сельского захолустья
деревни и новостроек многоэтажки
в карельском лесу на даче

с высоты облачной башни видно прошлое
его невозвратность
возвращение домой
в юность в детство

дверь в квартиру бабушки с дедушкой
тусовка на Чёрной речке
необходимость вернуться не позже десяти (или девяти?)

запахи, звуки утраченного
жизненного мира
той квартиры, где бабушки с дедушкой больше нет
как будто они меня ждут там
а я почему-то в другом городе, другой жизни

«возвращайся в Питер, там снова ты встретишь Меня»

there's a church pond
a muddy trodden path along the railroad tracks

I've often dreamt of a space like this
merging of the city and the sticks
village and new-built high-rises
in the Karelian forest at the dacha

from the heights of the cloud tower the past is visible
its irretrievability
a return home
to youth, to childhood

the door to my grandparents' apartment
hanging out at Chernaya Rechka
having to be home no later than ten (or maybe nine?)

the smells, the sounds of an irrevocable
lifeworld
of the apartment where there are no grandparents anymore
as though they are there, waiting for me
while for some reason I'm in a different city, a different life

"Go back to Piter, there you will see Me again"

«возвращайся в Галилею, там снова ты встретишь Меня»

в юность свою возвращайся
в своё открытое сердце

бабушка с дедушкой всегда беспокоились обо мне
хорошо мне вчера улыбались иконы
вот бы снова дедушка жил во плоти
вот бы бабушка снова жила
пусть будет это однажды
как будто по-другому
и быть не может

дни без них защёлкали как орешки
без счёта
вот три дня а вот сороковины а вот мы со счёта сбились
и все мы в этом равны
и дедушка, и я, и Христос улыбчивый на иконе

пусть солнце будет новое
и всё вернётся
если долго идти по реке против времени мира
по колено в облаках
сына баюкая на руках

"Go back to Galilee, there you will see Me again"

go back to your own youth
to your wide-open heart

my grandparents always cared about me
the icons smiled kindly at me yesterday
what if grandfather were alive again in the flesh
what if grandmother were alive again
let this happen one day
as though there were no other way
it could be

days without them cracking along like nuts
without number
this is three days this is forty days this is us losing count
we are all equal in this
grandfather and me and the smiling Christ in the icon

let there be a new sun
and everything will return
if I walk for a while along the river, against the flow of the world's time
knee-deep in cloud
singing to my son in my arms

Провинция. Апрель,

вороньи гнезда на деревьях,

тихое солнце в окнах старых домов.

По разбитой дороге у реки

вдоль ограды заброшенного монастыря

куда-то к окраине города уходят двое парней,

размахивают руками, превращаясь

в двух старых мальчишек из богоспасаемого дворика

между малоэтажных домов,

где развешано на верёвке белье:

белая футболка, чёрный джемпер, голубые трусы,

колготки, полотенце, пододеяльник.

Маленькая собачка бежит к хозяину навстречу и виляет хвостом.

Дед сидит на лавочке, курит.

Пахнет костром и влажной, свежей землёй,

перегнившими за зиму листьями.

Мальчишки играют на закате в руинах.

У них есть баллончики, они ими пишут на стенах.

The country. April,
crows' nests in the trees,
a quiet sun in the windows of old houses.
Along the battered road by the river
past the abandoned monastery fence
a couple of guys are heading to the edge of town,
waving their arms, becoming
two old little boys from the blessed courtyard
between low-rises,
where laundry hangs on lines:
white T-shirt, black sweater, blue underwear,
tights, towel, coverlet.
A little dog runs to its owner and wags its tail.
An old-timer sits on a bench, smoking.
Smells like a bonfire and damp, fresh earth,
leaves rotted over winter.
Boys play in the ruins at sunset.
They have spray cans, they're writing on the walls.

Желтыми, как сосновое солнце, досками забиты окна,
и пахнут смолой. В дверных проемах
лежит выброшенное тряпьё. Кучи дров, коты.
Старик, член местного союза писателей,
опираясь на палку, рассказывает:
«У меня была хорошая жизнь»,
и дарит свою маленькую книжечку,
в которой написано:
«Я не пришёл к ней ночью.
У неё было слишком много мужчин.
А в моем понятии такие женщины уже не могут ничем одарить.»
Восьмидесятилетняя женщина, к которой когда-то ночью
не пришёл этот мужчина,
живет на другом берегу реки
в доме со спутниковой тарелкой и вывеской. «Ателье».
Вечерами она смотрит на реку
и вспоминает всех своих мужчин:
Виктора, с которым это было просто так,
Николая, которого ей было жалко, потому что он пьяница,
Володю, к которому тянуло неудержимо
и хотелось водить пальцами по бровям
и вцепляться двумя руками в лохматую голову.
Её правнук играет в жидкой грязи на набережной.
В этом городе бомжи носят цветное тряпьё.

Yellow as a pine-tree sun, boards cover the windows,
and smell of pitch. In the doorways
piles of cast-off clothes. Stacked firewood, cats.
An old man, member of the local writers union,
leaning on a cane, says:
"I had a good life,"
and gives me his little book,
in which it says:
"I didn't come to her at night.
She had too many men.
And in my understanding such women have nothing more to bestow."
The eighty-year-old woman whom one night
this man did not visit
lives on the river's other shore,
in a house with a satellite dish and a sign: "Tailoring."
Evenings she looks at the river
and remembers all of her men:
Victor, with whom it just happened,
Nikolai, whom you'd feel bad for, because he was a drunk
Volodya, to whom you were pulled uncontrollably
wanting to run your fingers over his brows
and grasp his shaggy head with both hands.
Her great-grandson plays in thin mud on the waterfront.
In this city the homeless wear colorful rags.

Желтые шары фонарей на набережной светятся в темноте.

The yellow spheres of the lamps on the embankment glow in the dark.

свечение снега морских рыб и планктона
свечение минералов насекомых гниющих деревьев
снег полный рыб снег морской и речной как жемчуг
за окнами больного где бедности бычий пузырь
его имена на аптечной латыни в старых лечебниках
насекомые у соплодий его и в коленных чашах
в его северных морях кальмары хватают блесну
разглядишь ли ты снежное море за снежным лугом
как горы за облаком облако за горами
снежники высокогорий испещрённые иероглифами покровы
тело зверя и тело человека полное звёздной плазмы
его отрицание подобное смеху иезуитов
пламенеющих в трещинах каменных пней антарктиды
есть уровень моря ниже которого только небо
и граница вечных снегов за которой только живые цветы
это падение в живые цветы опыление детством и снова
пролетит над головой иероглифом красота стая диких уток
снова в горячке дворы снова неимоверны бухты

illumination of snow marine fish and plankton
illumination of minerals insects decaying trees
snow full of fish sea snow and river snow like pearls
beyond the sick man's windows covered with bull's bladder out of poverty
his names in pharmaceutical latin in old medicine books
insects by his clusterings and the bowls of his knees
in his north seas squid grasp at the bait
can you make out the sea of snow beyond the meadow of snow
like mountains behind clouds clouds behind mountains
snowfields in the highlands speckled with hieroglyphs of shadow
animal body and human body full of celestial plasma
his denial like the laughter of the jesuits
aflame in the cracks of the fossilized stumps of antarctica
there's a sea level so low only the sky is below it
and a border of eternal snow beyond which there are only flowers growing
it's a fall into living flowers pollination by childhood and again
flying overhead in a hieroglyph beauty a flock of wild ducks
feverish again the courtyards the bays beyond comprehension

огромны цифры и хищны как птичьи когти и рвут на части
среди звёзд оленьи рога и стреляет ружьё отца
и миллионы рыб выходят на берег берут портфели надевают очки
и миллионы растений нисходят в море вниз головой
и плавники прорастают из тел животных и человек сияет
как будто в пронизанной светом келье в час смерти святого
и старый лекарь читает лечебник у одра больного
пока его тело становится звёздным телом
пока темнеют горы за облаком сгущается облако за горами
и становится видно снежное море за снежным лугом
и становятся понятны иероглифы на горах и собственной коже
пока в бедной комнате у лампы кружат ночные мошки
и нет снега но только осыпаются живые цветы сирени
и мальчик встаёт чтобы жить и выходит в сени
после болезни и в звёздах оленьи рога и горят огнём
иероглифы на горах и на коже худого тела
светлеют горы за облаком розовеет облако за горами
далеко отошла граница вечного снега бедность
стала радостью и тело легко бежит среди цветов и трущоб
оставляя за собой звёздный шлейф мельканием грязных пяток

enormous numbers predatory like the bird claws and tearing to pieces
among the stars deer antlers and the shot of father's gun
and millions of fish walk onto the shore take up satchels put on glasses
and millions of plants descend into the sea upside down
and fins sprout from the bodies of animals and man glows
as though in a light-dappled cell at the hour of the saint's death
and the old doctor reads the medicine book by the sick man's deathbed
as his body becomes a celestial body
as mountains darken behind clouds clouds gather behind mountains
and the sea of snow beyond the meadow of snow grows visible
and the hieroglyphs in the mountains and on the skin grow legible
while in the poor room night moths circle the lamp
and there is no snow only the fresh lilac flowers falling
and the boy gets up to live and walks into the hall
after an illness there are deer antlers in the stars and flaming like fire
are the hieroglyphs in the mountains and on the skin of the emaciated body
mountains lighten behind clouds clouds brighten behind mountains
the border of eternal snow moves far off poverty
becomes joy and a body runs easily through the flowers and the slums
leaving behind a star trail in a flicker of dirty heels

Замёрзла вода,

превратилась в небесное тело.

Мириады январских цветов раскрылись —

на первый взгляд белых, но после

тысячекратно ярких:

устрично-розовых, цвета кирпичной пыли,

базарного огня, бедра испуганной нимфы,

цвета весёлой вдовы и влюблённой жабы,

гиацинты, гелиотропы, гвоздики,

голубиные шейки.

      Цветёт иудино древо,

горит кардинал на соломе, и смотрят в упор

глаза куропатки.

Небо давленой брусники, московского пожара.

Щёки твои щиплет парнасская роза.

Мысли мои пелёсы, как у паука, замышляющего преступление.

Отвратительны, как рвота императрицы.

А ты —

The water freezes,
becoming a heavenly body.
Myriads of January flowers bloom—
white at first glance, but then
a thousandfold colors:
oyster-pink, the color of brick dust,
of a fire at the market, of a frightened nymph's thigh,
the color of a merry widow and a lovesick toad,
hyacinths, heliotropes, carnations,
pigeon throats.
            The Judas tree blooms,
the cardinal burns in the straw, the eyes
of the partridge are staring forward.
Crushed-lingonberry sky, sky of the Moscow Fire.
Your cheeks are pinked with Parnassus rose.
My thoughts are dark, like a spider's plotting crime.
They're repulsive, like the vomit of an empress.
And you—

прекрасен, как фернамбук,
умопомрачителен
и на плечах твоих лежит
розовый пепел.

you're beautiful as brazilwood,
astonishing,
and rose ash
lies on your shoulders.

Екатерина
Симонова

Екатери
Симоно

Ekaterina Simonova

на
за

Екатерина
Симонова

Екатерина
Симонова

TRANSLATED BY IL'IA KARAGULIN

Я была рада, когда бабушка умерла.

Сначала она начала задумываться, замолкать,
смотреть куда-то между нами,
потом каким-то последним усилием воли
возвращаться обратно.

Через месяц вдруг спросила маму:
«Что это за мальчик сидит на холодильнике?
Видишь, смеется, хорошенький такой, светловолосый.
Смотри, смотри же — спрыгнул, побежал куда-то,
куда побежал?»

Назавтра увидела деда, молодого, веселого,
наконец впервые через семнадцать лет после его смерти:
«Что за рубашка на тебе, Афанасий?
Я у тебя что-то не помню такой, я тебе такую не покупала».

I was glad when Grandma died.

At first she started brooding, falling silent,
staring somewhere between us,
then with some last strength of will,
coming back.

The next month she suddenly asked Mama:
"Who is the boy sitting on the refrigerator?
You see, he's laughing, what a cute one, light-haired.
Look, look—he's jumped, run off somewhere,
where did he run to?"

The next day she saw Grandpa, young, cheerful,
for the first time in the seventeen years since his death:
"What's that shirt you're wearing, Anafasiy?
I don't think I remember that one, I didn't buy that for you."

Через пару дней напротив за столом
сидела ее мачеха. Бабушка толкала мою мать в бок локтем:
«Оль, ничего не пойму — что она молчит и улыбается и молчит,
молчит и улыбается. Матрена, да что с тобой?»

Через неделю людьми был полон дом.
Бабушка днем и ночью говорила только с ними, знакомыми нам,
ни разу нами не виденными, мертвыми, довольными,
рассказывающими наперебой,
какой в этом году будет урожай,
как они рады встрече,
а что это за черный котенок прячется в ванной?

При следующей нашей встрече не узнала меня,
как будто меня никогда и не было.

Перестала вставать, открывать глаза, только что-то шептала,
тихо, нехорошо так смеялась —
пустая оболочка, полная чужим духом, как дымом.
Это была не жизнь и не смерть, а что-то совсем чужое,
что-то гораздо хуже.

Потом перестала и смеяться.
Когда мы с мамой меняли простыни, пытались вдвоем ее приподнять —

A few days later, across the table
sat her mother-in-law. Grandma elbowed my mother in her side:
"Ol', I don't understand anything—why is she silent and smiling and silent,
silent and smiling. Matriona, what's with you?"

After a week the house was filled with people.
Day and night, Grandma spoke only with them, those we knew
but never saw, dead, delighted,
talking over each other,
what the harvest will be like this year,
how glad they are to see each other,
and who is that black kitten hiding in the bathroom?

The next time I saw her she didn't recognize me,
as if I had never even been.

She stopped getting up, stopped opening her eyes, merely whispered something,
quietly, laughed in this awful way—
an empty shell, full of a strange spirit, like smoke.
This was not life and not death, but something completely unfamiliar,
something much worse.

Then she stopped even laughing.
When Mama and I were changing the sheets, we tried to slightly lift her—

измучились, крошечное тело стало втрое тяжелее,
будто уже заживо пыталось уйти в землю,
стремилось к ней.

В день похорон мама первой пришла в бабушкину квартиру,
присела на кухне.
Рассказывала, что вдруг стало тихо,
потом вдруг ни с того, ни с сего
начали трещать обои по всем комнатам,
вдруг заскрипели, приближаясь, половицы в коридоре.
Но, слава богу, тут кто-то постучался в дверь.

Целовать покойницу в лоб никто не целовал:
тело начало неожиданно чернеть и разлагаться.
Говорят, в похоронном бюро переморозили тело.
Что-то, говорят, пошло не так.

Я не хочу об этом помнить.
Я всегда думаю об этом.
Ужасно скучаю.

В итоге
смерть дает нам не меньше, чем жизнь:
законченный образ, историю,

spent ourselves, the tiny body had become three times as heavy,
as if it were already trying to bury itself alive in the earth,
straining toward it.

The day of the funeral Mama was the first to get to Grandma's apartment
and sat down in the kitchen.
Later she recalled how it'd suddenly got quiet,
then out of the blue
the wallpaper started chattering in all of the rooms,
the corridor's floorboards suddenly began to creak, getting closer.
But then, thank God, someone knocked on the door.

No one kissed the dead on the forehead:
the body had started unexpectedly blackening and putrefying.
They say that the funeral home must have over-frozen the body.
Something, they say, went awry.

I do not want to remember this.
I think about this all the time.
Miss terribly.

In the end
death gives us no less than life:
a finished form, a story

которую нужно однажды рассказать,
чтобы не сойти с ума.

Треск обоев в пустой утренней квартире,
маленький-невидимый-смеющийся мальчик.

that needs to be told once,
so we do not go crazy.

The wallpaper's chatter in the empty morning apartment,
a small-invisible-laughing boy.

позволь мне говорить за другого,
как говорит тень за человека,
когда никто к нему не приходит,
когда его лицо на фотографиях
перестает опознаваться фейсбуком.

позволь мне с языка моего неоконченного детства
перевести на язык твоей
придуманной взрослости
эту похожую на беличий хвост
еловую ветку, этот серый песок,
пахнущий гарью и пылью.

позволь мне перестать быть собою,
стать аппликацией на белом листе тебя:

красный кривой цветочек, вырезанный
маникюрными ножницами,
желтый кружок в верхнем правом углу.

allow me to speak for another,
the way a shadow speaks for a person
when no one comes to visit him,
when his face in photographs
is no longer recognized by facebook.

allow me from the language of my unfinished childhood
to translate to your language
of made-up adulthood
this thing that looks like a squirrel's tail
a pine tree branch, this gray sand,
smelling burnt and of dust.

allow me to stop being myself,
to become a cutout on the white page of you:

red twisted flowerlet, cut out
with nail-scissors,
a yellow circle in the top right corner.

Свет выключили и —
будто и не было ничего внутри дома:

ни наследного германского чайного сервиза на шесть персон,
(восемь лет уже лежит в коробке,
каждая чашечка завернута в газетную пожелтевшую страницу),
ни подоконных сиреневых, розовых, белых фиалок
(на самом деле их нет, но давно хочется),
ни квадратной гравюры, купленной на память в Меншиковском дворце
(Университетская набережная, 15, дом построен
в стиле петровского барокко,
в тот день было слабое солнце и сильный ветер),
ни подстаканника с екатеринбургского развала
(со слов продавца, начало 20-го века,
неудобная кудрявая ручка, похожая на стебель гороха,
основание припаяно гораздо позже) —

The light switched off and—
it is as if there was nothing inside the house:

not the inherited German tea set for six people
(eight years it's been sitting in a box,
each cup wrapped in a newspaper's yellowing page),
not the windowsill's purple, pink, white African violets
(in reality they are not there, but have long been wanted),
not the square engraving, a souvenir from the Menshikov Palace
(the university esplanade, no. 15, the house built
in the style of Petersburg baroque,
that day the sun was weak and the wind strong),
not the saucers from the Ekaterinburg sale
(in the words of the seller, early 20th century,
uncomfortable curly handle resembling a pea shoot,
its base welded on much later)—

никакого хлама, милого сердцу, собираемого годами,
так что становится и не нужен, а выбросить страшно,
кому-то отдать — еще страшнее:
больно представить
чужие взгляды, чужие руки, чужой запах
на своих вещах, иногда становящихся семьею
больше семьи, определенной тебе природой.

no junk dear to the heart, collected by the years,
so there's no need for it, and it's scary to throw it away,
to give it away to someone—even scarier:
painful to imagine
the strange glances, strange hands, strange smell
on your things that at times become a family
greater than the one nature dealt you.

Galina
Rymbu

Galina Rymbu

<small>Translated by Eugene Ostashevsky</small>

Стихи для еды

Нуждающееся вырастает первым.
Все прочие побуждения (Tribe) имеют своим основанием голод...

Эрнст Блох, «Тюбингенское введение в философию»

Каша из топора

серый хлеб, хлебушек, хлеб —
мой тёплый бог,
я ем его и кусаю со всех сторон
по дороге из магазина,
мой тёплый бог
кормит меня, маму и папу.

    большое богатство — мешок муки.
    большая удача — мешок муки.

и сахар.

сахар, смешанный с небольшим количеством воды и намазанный
    на хлеб,

Poem for Food

What one lacks comes first.
All other urges are caused by hunger.

—Ernst Bloch, *The Tübingen Introduction to Philosophy*

Stone soup

White with rye, bread dear, bread—
my warm god,
I eat, I bite it from all sides
on the way from the store,
my warm god
feeds me, mom, and pop.

  a bag of flour, great wealth.
  a bag of flour, a lick of luck.

sugar, too.

sugar, mixed with a bit of water and spread on bread,

мякиш хлеба, смешанный с сахаром (кушать ложкой),
сахар, смешанный с чайной заваркой,
рафинад за щекой, под языком,
рафинад, смоченный тёплым чаем,
сахар с каплей воды, разогретый на газе в подобие карамели,
жжёный сахар, из которого пытаемся сделать домашнюю колу —
волшебный напиток,
и водичка с сахаром,
и сам сахар —
просто так, похрустеть.

      1001 рецепт из воды и сахара.
      1001 рецепт из воды и хлеба.

компот из мертвецов.
жареные часы.
варёные стулья.
тушёные книги.
чёрные загадочные шифоньеры и
звон кастрюль на лестничной клетке —
от соседей к соседям
передаётся знание о грядущей
ЕДЕ.

the soft heart of bread, mixed with sugar (use a spoon),
sugar, mixed with tea leaves,
lump sugar in the cheek, under the tongue,
lump sugar, soaked in warm tea,
sugar with a drop of water, heated on the stove to be like caramel,
burnt sugar we try to make house cola from—
a magic drink,
both the sugar water,
and just sugar—
just like that, for the crunch on the teeth.

    1001 recipes for water and sugar.
    1001 recipes for water and bread.

cooked fruit drink, made from dead men.
fried clocks.
boiled chairs.
stewed books.
uncanny black cabinets and
the clanging of pots on the stairs—
mouth to mouth it passes,
the word of FOOD
to come.

торт из желаний, которые никогда не сбудутся,
мечты из голода, приправленные надеждой,
острота одиночества в коротких снах,
ощущение общности в каждой пустой тарелке,
половник, черпающий страх.

человек в чёрном костюме и красном жилете
по телевизору, излучающий сытость и власть.
горячие вмятины на кастете.
короткие шорты на тощих ногах.
лучи ярости в каждом обеде.
военные пирожки с ногтями.

ветер в форточку и с ним — запахи чужого супа,
пышного пирога. время с начинкой из злости.
сытные сопли.

картошка,
картошечка,
картофан,
синий, белый, красный,
в комках земли,
в каждой ямке надежды на даче.
чёрные клубни

cake baked from wishes that won't come true,
dreams stuffed with hunger and spiced with hope,
suns of isolation on leas of sleep,
cold commonality in each empty plate,
ladle laden with fear.

a red-vested black suit on
tv radiates satiety, force.
brass knuckles, hot dents.
short shorts, gaunt legs.
rays of fury in every meal.
military fingernail pies.

window draft, with the smells of somebody's soup,
pie pomp. time pumped with rage.
the have-snots.

potato,
how do you say potato,
eat potato, eight potato in pot,
blue potato, red potato,
white potato, clods
of soil, holes of hope in the ground,
black tubers,

обними.

жарёха,
драники,
печёный,
в мундирах,
нерафинированная луна из масла, а на ней
луноходы картохи,
космические шлемы маленьких луковок,
неровные кратеры от моего языка.

крупная соль заводская,
йодированная, в кристаллах,
лизать соль.
сосать соль.
засовывать палец в соль,
а соли нет.

и картошка кончилась.
и хлеба нет.

если хлеба нет, то всё.
пиши пропало.

country matters.

tater-tatters,
pan fried,
baked
with the skin still on,
crude sunflower-oil moon,
potato moon rovers,
the astronaut helmets of baby onions,
uneven craters left by my tongue.

coarse factory salt,
iodized, crystals.
salt to lick.
salt to suck.
finger the salt,
there's no salt.

the potatoes are out,
there's no bread.

if there's no bread,
it's the end.

но как-то он всё-таки потом появляется —
половинка, четвертушка
и даже $\frac{1}{6}$. батончик.
булочка. взять хлеб у соседей.
взять хлеб в долг. испечь свой хлеб.
большая удача — мешок муки.
большое дело — мешок муки.
хорошее дело — мука на кухне.
хорошо живём — хлеб в хлебнице.
всё на своих местах.

обед воскресенья: макароны
понедельник: макароны рожки
вторник — рожки
среда — паутинка
четверг — паутинка
пятница, когда всё закончится,
и шаббат, который кажется вечным: не едим.
молча лежим отдыхаем
под покрывалом судороги.

что вы ели сегодня?

ЧТО

but then it comes back somehow—
half a loaf, quarter loaf,
even a sixth. a roll.
a bun. borrow bread from next door.
beg, borrow. bake *your own* bread.
a bag of flour, a lick of luck.
a bag of flour, a big to-do.
flour in the kitchen, hope in the heart.
bread in the breadbox, living the life.
everything in place.

Sunday dinner: macaroni.
Monday: macaroni elbows.
Tuesday: elbows.
Wednesday: thin noodles.
Thursday: thin noodles.
Friday: you run out of everything,
and the Sabbath, which takes forever: we don't eat,
we lie, we say nothing, we rest
under a throw of spasms.

what did you eat today?

WHAT

ВЫ
ели сегодня???

КАК это было?

вы ели глаза?

а вас ели глазами?

вы ели глазами, только глазами,
одними глазами впиваясь в витрину?

я ем ваши глаза
знаю всё о вашем желудке
шепчу в ваших кишках
откусываю языки в диалоге
и зарываю в землю к себе
к нам движется войско червей —

    «миротворцев»

язык — гниющий компост —

did YOU
eat today?

HOW
was it?

did you feast on eyes?

were you a feast for the eyes?

did you feast your eyes on the food
under glass? it was for your eyes only.

I feast on your eyes.
I know all about your belly.
I whisper in your innards.
I bite tongues off in an exchange.
I bury them in my plot.
a host of worms writhes our way:

                   peacekeepers.

language—garbage

поэзия

языка —

глаз фаршированный тьмой

язык
язык
язык

яички на противне

печёные шрамы

президент в панировке
из олигархата
в соусе патриарха

маринованные капиталы
у избранных в банке в криптовалюте
в волшебном горшочке

язык
язык

language

poetry

eye with darkness filling

lan
guage ton
gue

cullions culled on the pan

baked aches

president breaded
with oligarchy, saucy
with patriarchy

the select keep
marinated
assets, a magic pot of cryptocurrency deposits

lan
guage ton

язык

может реально сожрём себя сами
выгрызем родинки и метастазы
красное тесто замесим на хлеб

язык
язык
язык

ты всегда сверху.
но, думаешь, ты тут главный?

язык — чтобы есть
уминать
хавать
кушать

сейчас

слово — тем кто молчит:

что ты ешь?

gue

let us devour ourselves ourselves
gnaw out our moles and tumors
knead red dough for bread

lan
guage ton
gue

you are always on top.
you think you are on top of it?

a tongue to eat with
cram down
demolish
munch

now

a word from our sponsor:

what are you eating?

что ешь, то и пишешь.
так и пишешь, как ешь:

крик друзей в пространстве вечернем,
упало за реку село, наклонилась тайга и голодных
погладила по голове перед сном, холодных — согрела
колючими лапами. август цветам рубит головы,
солнце разглаживает кожу
домов, отживших своё
тело.

мой рецепт — суп скорби
с чёрными галушками
с приправой из пепла
с запахом газа.

моя реальность — поминальная кутья,
прилипла к горлу.

слова моих мёртвых — съедобная степная глина,
варёная древесина,
сладкий обойный клей.

моя радость — семки в газетном кульке

write your eating, O wordless ones,
for you write what you eat.

the howl of friends in the evening waste,
the village fell behind the river, the bowl of the taiga tilted, petting
the hungry on the head before sleep, rubbing the cold warm
with prickly paws. August decapitates flowers,
the sun smooths out the skin
of houses, which have outlived
their bodies.

my recipe. sorrow soup
black dumplings
ashes for seasoning
smelling of gas.

my reality. sweet funeral porridge
glut in the throat.

the words of my dead. edible clay of the steppes
boiled wood pulp
sweet wallpaper glue.

my joy. bus stop. unshelled sunflower seeds

на остановке, и праздник — стаканчик мороженого,
откровение — сыр, сосиска.
революция — ТОРТ!

пирожные на асфальте...
недопитое пиво на лавке...
иногда я так хочу жрать,
что могу допить и поднять,
когда-нибудь я
обожрусь и умру,
а проснусь в раю,
где столы ломятся от бесплатной жрачки,
где даже ангелы и те съедобны,
где даже не нужно ложки,
и животные тоже сидят за столами,
а люди — рядом, с утра до ночи
идёт пирушка, как на днюшке,
пока змей скуки нас не заглотит.
такой вот мой рай.
там не спят, не болеют, не пукают,
не икают, не голодают. не страдают.

есть только одна проблема: в детстве
я молилась дьяволу по ночам пока родители спали,

in a newspaper cone. my holiday. ice cream
in a wafer cup. my epiphany. cheese, franks.
my revolution. CAKE!

pastries on the pavement…
unfinished beer on a park bench…
days I so want to chow
I can pick up and finish off.
one day I'll die
from pigging out.
wake up and it's paradise
all around, free all-you-can-eat,
even the angels taste sweet,
you don't need a spoon,
a giraffe shares the table with a racoon
and with you too, from dusk to dawn
there's a party going on,
until we get swallowed by the serpent of boredom.
that's what my paradise is like.
you don't sleep there, don't get sick, and don't fart,
you don't hiccup, hunger, or suffer. everybody takes part.

there's only one problem. when I was a kid
at night, when my parents were sleeping, I prayed

пыталась обменять свою душу
на килограмм конфет «ласточка» и сосиски.

вдруг он меня услышал?

ну а может он сам уже ходит возле ларьков:
дай десятку
дай сижку
дай допить
дай откусить

мы, которые ничего плохого не сделали,
вечно спрашиваем себя: что я сделал_а,
чтобы так жить?

богатство и бедность по прежнему — по рождению,
полу, происхождению, здоровью и цвету.

мир — это стены стены стены,
с которых свисают гроздьями
кровяные колбасы

это границы границы границы

to Satan. I tried to trade my soul
for a kilo of chocolate-coated candy and also wieners.

what if he heard me?

maybe he's walking up and down by the kiosks:
gimme a tenner
gimme a ciggy
lemme finish that
lemme have some

we, who were never at fault,
always want to know: what have I done
to live like this?

wealth and dearth as before—by birth,
gender, origin, health, and color.

the world is walls walls walls
down which clusters of blood
sausage hang down

borders orders borders

пир из садовых теней
размоченный трутовик
жвачка из сосновой смолы
жаркое из крапивы
мамина каша без всего
отмоченные в ванной свинушки
спелый молочный подсолнух
березовый сок из дерева у промзоны
сладкий березовый сок

я пишу стихи о еде,
пишу, потому что никак не могу наесться,
мысли о еде всё время вертятся в голове:
купить по акции, сделать запас,
купить впрок, купить что-то вкусное,
шикарное даже, купить кусок
сыра побольше и потом пожалеть,
что купила. купить так, чтобы всем хватило,
моя планета — семья, которую не накормить словами,
и *другими* нельзя кормить, нельзя кормить страхом.

я пишу это стихотворение, чтобы есть сыр.

garden shadow feast
steeping tree mushroom
pine resin gum
nettles hot-pot
mama's empty porridge
tub-soaked velvet roll-rims
ripe milky sunflower
juice from industrial-zone birch
sweet birch juice

I write poetry about food,
I write because I can't eat enough,
thoughts of food won't let me be:
buy what's on offer, stock up,
buy for future use, buy something good,
fancy even, buy a big chunk
of cheese and then feel bad
you bought it. buy so there's enough for everyone,
my planet, my family, won't be sated with words,
it's wrong to feed it with *others*, to feed it with fear.

I am writing this poem to eat cheese.

Ольга Седакова

Olga Sedakova

Ольга Седакова

Olga Sedakova

Olga
Sedakova

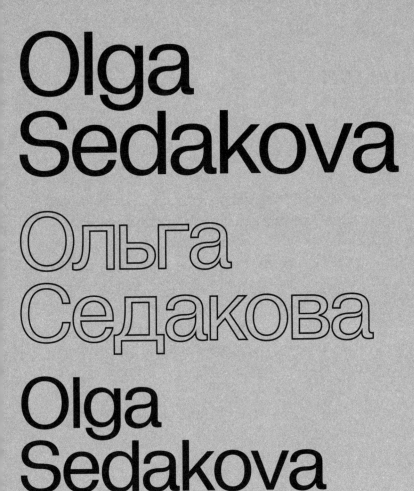

Ольга
Седакова

Olga
Sedakova

TRANSLATED BY MARTHA KELLY

Ночное шитье

Тяпе

Уж звездное небо уносит на запад
и Кассиопеи бледнеет орлица —
вот-вот пропадет, но, как вышивки раппорт,
желает опять и опять повториться.
Ну что же, душа? что ты, спишь, как сурок?
Пора исполнять вдохновенья урок.

Бери свои иглы, бери свои рядна,
натягивай страсти на старые кросна —
гляди, как летает челнок Ариадны
в твоем лабиринте пред чудищем грозным.
Нам нужен, ты знаешь, рушник или холст —
скрипучий, прекрасный, сверкающий мост.

О, что бы там ни было, что ни случится,
я звездного неба люблю колесницы,
возниц и драконов, везущих по спице
все волосы света и ока зеницы,

Night Sewing

to Tiapa

The stars in the sky move away to the west,
the eagle of Cassiopeia pales—
nearly gone, but like rapport needlework,
it wants to repeat itself over and over.
And you, soul? you're curled up asleep like a marmot?
It's time for the work inspiration has taught.

Take up your needles and take up your flax,
stretch your passions on an antique loom—
watch Ariadne's shuttle fly
through your labyrinth, the frightful fiend chasing behind.
What we need is a handwoven linen, you know—
a creaking, a splendid, a glistening bridge.

No matter what's there and no matter what happens,
I love the chariots of stars in the sky,
charioteers and dragons who bear on their spokes
all hairs of the light, apples of the eye,

блистание нитки, летящей в иглу,
и посвист мышиный в запечном углу.

Как древний герой, выполняя заданье,
из сада мы вынесем яблоки ночи
и вышьем, и выткем свое мирозданье —
чулан, лабиринт, мышеловку, короче —
и страшный, и душный его коридор,
колодезь, ведущий в сокровища гор.

Так что же я сделаю с перстью земною,
пока еще лучшее солнце не выйдет?
Мы выткем то небо, что ходит за мною,
откуда нас души любимые видят.
И сердце мое, как печные огни,
своей кочергой разгребают они.

the gleam of the thread flying into the needle,
and the whistle of mice tucked away by the stove.

Like a hero of old fulfilling his quest
we'll bring back the apples of night from the garden,
we'll sew and we'll weave our own creation—
the pantry, the labyrinth, the mouse trap: that is—
its hallway that frightens and stifles us, too,
the well that will lead to the mountain's vast treasure.

So what shall I do with the dust of the earth
as we wait for a much better sun to come out?
We'll weave the sky that follows behind me,
from where souls we love look out and see us.
And just as though it were a fire in the stove,
they'll take up their poker and rake at my heart.

Желание

Мало ли что мне казалось:
что если кого на свете хвалят,
то меня должны хвалить стократно,
а за что — пускай сами знают;

что нет такой злой минуты,
и такой забытой деревни,
и твари такой негодной,
что над нею дух не заиграет,
как чудесная дудка над кладом;

что нет среди смертей такой смерти,
чтобы силы у нее достало
против жизни моей терпеливой,
как полынь и сорные травы, —

мало ли что казалось
и что покажется дальше.

Desire

I thought all kinds of things:
that if anyone on earth is praised,
I should be praised a hundred times more,
for what—that's not my problem;

that there's not one minute so evil
or a village so forgotten
or a creature so good-for-nothing,
that the spirit won't play over it
like magic flute over treasure chest;

that amongst all deaths there's no death
with sufficient force
to undo this life of mine that endures
like wormwood and like weeds,—

I thought all kinds of things,
and I'll keep on thinking them yet.

Бусы

Лазурный бабушкин перстень,
прадедовы книги —
это я отдам, быть может.
А стеклянные бусы
что-то мне слишком жалко.

Пестрые они, простые,
как сад и в саду павлины,
а их сердце из звезд и чешуек.

Или озеро, а в озере рыбы:
то черный вынырнет, то алый,
то кроткий, кроткий зеленый —
никогда он уже не вернется,
и зачем ему возвращаться.

Не люблю я бедных и богатых,
ни эту страну, ни другие,

Beads

My grandmother's azure ring,
my great-grandfather's books—
those are things I'd give away.
But somehow I'd regret
giving away the glass beads.

They're colorful and they're simple
like a garden with peacocks in it,
but they've a heart of stars and scales.

Or a lake with fish in it:
a black one swims up, then a scarlet one,
then the meekest, meekest green one—
it will never again return,
and why should it return?

I love neither poor nor rich,
not this country, nor any other,

ни время дня, ни время года —
а люблю, что мнится и винится:
таинственное веселье.
Ни цены ему нет, ни смысла.

not the time of day, nor the time of year—
but I love all things imagined and blamed:
a mysterious revelry
with no value and no meaning.

Никита
Сунгатов

atov

Никита
Сунгатов

Nikita Sungatov

Translated by Valeriya Yermishova

простые стихотворения

1

мы договорились встретиться с региной чтобы пойти за кладом
на пересечении невского и фонтанки
там где дворец белосельских-белозерских
и макдональдс в соседнем доме

регина всегда опаздывает
и плохо ориентируется в пространстве
если ей нарисовать точную карту она все равно заблудится
я немного нервничала

я знала что регина заблудится и опоздает
ходить за кладом всегда немного тревожно
каждые десять секунд я проверяла мобильный
ждала сообщение от регины
он разрядился

шёл мелкий снег и падал в фонтанку

Simple poems

1

Regina and I agreed to meet up to go treasure hunting
at the crossing of Nevsky Prospekt and the Fontanka
—you know, where the Beloselsky-Belozersky Palace is
and a McDonalds next door

Regina is always late
and has a poor sense of direction
if you drew a detailed map for her, she would still manage to get lost
I was a little worried

I knew Regina would get lost and be late
it's always a bit nerve-wracking to go treasure hunting
I checked my cellphone every ten seconds
for a message from Regina
my battery died

it was snowing lightly; the snow fell in the river

снежинки таяли не долетая до воды
я поняла что осталась без связи и теперь непонятно как искать
    регину
и заплакала

думала что придется просить телефон у кого-то из прохожих
но это очень странно неловко и так
а особенно учитывая зачем мы встречаемся
мне стало совсем тревожно и грустно

как вдруг я увидела тебя
ты быстро шел по невскому с сосредоточенным лицом
о чем-то задумавшись
я подумала накинуться на тебя и попросить телефон
хотя мы и были тогда ещё незнакомы
и познакомимся только через неделю

но не решилась
ты прошёл мимо а я осталась стоять на невском

через десять минут появилась регина

2

сильнее всего меня задело когда ты сказала что не доверяешь мне

the snowflakes melted before they even reached the water
I realized I didn't have a way of getting in touch with Regina anymore
and started to cry

I thought I'd have to borrow someone's phone
which is pretty awkward to do anyway
and especially given the reason we were meeting
I got super worried and sad

when, all of a sudden, I saw you
you were walking briskly down Nevsky, your face all focused,
pondering something
I thought I'd lunge at you and ask to use your phone
although we didn't know each other at the time
and wouldn't meet until the following week

but I didn't get up the nerve
you walked past me and I kept standing there on Nevsky

ten minutes later, Regina showed up

2
what bothered me the most was when you said you don't trust me
and added: "and why should I trust you anyway?"

и добавила: «а почему я вообще должна тебе доверять?»
мне стало больно
хотя я постарался скрыть это

потом я подумал что ты права
что меня восхищает ясность и прямота
с которой ты это сказала

и вправду, почему ты должна мне доверять?

не потому же что мы весело перешучиваемся
и удачно готовим вместе обеды

доверие это слишком серьёзно

я хотел бы, чтобы все меня любили и доверяли
но, подумав, сам себе я бы не стал доверять
слишком хорошо знаю что там внутри
какие просторы обмана и манипуляции
слишком хорошо знаю как и когда я могу предать

мне нравится, как мы выходим на тучков переулок, а потом
    сворачиваем на средний проспект в.о.
как идем под деревьями и смотрим сквозь листья на свет

it hurt me,
although I tried not to show it

then I thought that you're right,
that I admire the clarity and directness
with which you said this

and really, why should you trust me?

I mean, not because we joke around jovially
and make great lunches together

trust is too serious a matter

I would have liked for everyone to love and trust me
but then I realized I wouldn't trust myself
I know too well what's inside me
what expanses of deceit and manipulation dwell there
I know too well how and when I could betray

I like the way we come out onto Tuchkov Alley, then turn onto Sredny
    Prospekt on Vasilyevsky Island
the way we stroll under the trees and gaze through the leaves at the light
the way we veer onto Repin Street, the narrowest street,

как сворачиваем на улицу репина, самую узкую улицу,
как заходим в «пятерочку» и вместе выбираем продукты

мне нравятся старые трамваи
идущие по васильевскому острову

мне кажется, что я знаю, как писать стихи

на самом деле
я просто использую чужие приёмы
которые однажды на меня подействовали

3
мне всё время тебя не хватает
даже когда ты рядом

даже когда ты рядом
мне тебя не хватает

4
в дни карантина сергей организовал подпольный киноклуб
    на рубинштейна

экспроприировав большую квартиру каких-то буржуев

the way we stop by the Pyaterochka grocery store and shop for groceries
together

I like the old trams
that run down Vasilyevsky Island

I seem to think I know how to write poetry

although, in fact,
I'm simply using the techniques of others
that once had an effect on me

3
I am always missing you
even when you're right next to me

even when you're right next to me
I am missing you

4
during the quarantine, Sergey organized an underground cinema club
on Rubinstein Street

at a huge apartment he'd appropriated from some rich people

оставивших его присматривать за котами

мы пошли туда с машей
по опустевшему городу
тихому литейному тихому невскому

мы несли колонки

оба кота были белые
но с разноцветными глазами
один глаз синий другой зелёный

смотрели фильм клинта иствуда «непрощённый»
справа от меня сидела маша слева скидан
коты сидели у них на руках
получается я сидел между двумя котами
(или даже: *меж двух котов*)

мне сложно было сосредоточиться на сюжете
и я всё время отвлекался на котов
к тому же я знал что у маши аллергия
и немного переживал из-за этого

who were having him cat-sit

Masha and I set off there
through the deserted city
along the quiet Liteyny Bridge, the quiet Nevsky Prospekt

we carried amps

both of the cats were white
but with multicolored eyes
one eye blue and one green

we watched Clint Eastwood's *Unforgiven*
Masha sat to the right of me, and Skidan—to the left
the cats sat on their laps
turns out I sat between two cats
(or even *among two cats*)

it was hard for me to focus on the plot
I kept getting distracted by the cats
what's more, I knew Masha was allergic
and was a little worried

честно говоря, мне было скучно

самый короткий тест на ксенофобию
способность интересоваться жизнью других

мне легко сострадать невротическим мужчинам
из советского кино семидесятых
или бунтующим студентам из фильмов годара
я испытываю эмпатию и подключаюсь
к героиням сериала «чики»

но когда мы включили сериал «атланта»
про чернокожих рэперов
первые несколько серий я засыпал
и путал между собой персонажей

здесь было то же самое

равнодушие к переживаниям этих ковбоев
и к истории гражданской войны в США

потом возникло узнавание
когда стало понятно что главный герой фильма алкоголик в завязке
эпикуреец переквалифицировавшийся в стоика

to be honest, I was bored

the shortest test for xenophobia
is the ability to take an interest in others' lives

it's easy for me to sympathize with neurotic men
from seventies Soviet films
or the student activists in Godard films
I feel empathy for and connect with
the female leads of the TV show *Chicks*

but when we put on *Atlanta,*
a show about black rappers,
I fell asleep during the first few episodes
and mixed up the characters

the same thing happened here

I was indifferent to the inner turmoil of these cowboys
and the history of the American Civil War

then came recognition
when it became clear that the protagonist was a recovering alcoholic
an Epicurean-turned-Stoic,

он поддается искушению

шаг за шагом приближается к своему темному прошлому
потом наконец делает глоток алкоголя
и погружается в ад

после показа было обсуждение

маша (другая) спросила:
кто здесь мог бы убить человека?

все молчали
что-то ответил игнат
(*я не расслышал, что именно*)
маша ответила:

спасибо, игнат. я тоже

могу я убить человека?
уверен, что не могу
хотя, на самом деле, конечно же, могу

если я убью человека
то почувствую сильную дереализацию

he succumbs to temptation

step-by-step, he inches closer to his dark past
until, at last, he takes a swig of alcohol
and plunges into hell

after the screening, we had a discussion

Masha (the other one) asked:
who here would be capable of killing someone?

everyone was quiet
Ignat replied something
(I didn't hear what exactly)
Masha replied:

thank you, me too, Ignat

would I be capable of killing someone?
I'm sure I wouldn't
although, in fact, of course I would

if I were to kill someone
I would experience intense derealization

это не со мной это не со мной буду думать я
этого не может быть это не я не я

вряд ли будет сострадание
и чувство вины
(разве что сильно позже)

будет паника
и холодный расчёт
как избежать наказания

позже рационализация
и перестройка мировоззрения
в сонастройке с случившимся
ради безопасности психической жизни

(если это, конечно, будет не на войне
если на войне — я и того не почувствую,
почувствую, что просто
выполняю свою работу)

(а если это будет революционное насилие,
я и вовсе сочту это не убийством, —
слишком уж негативные у этого слова коннотации

this isn't happening to me, this isn't happening to me, I'd think
it isn't possible, it wasn't me, wasn't me

I doubt I'd feel sympathy
or guilt
(except, perhaps, much later)

I would experience panic
and coldly calculate
how to avoid punishment

later, there'd be rationalization
and a readjustment of the mindset
in light of what had happened
so as to stay sane

(if it doesn't happen at war, of course
if it does happen at war, I wouldn't even feel that much,
I'd just feel as if
I were doing my job)

(and if it were revolutionary violence,
I wouldn't even consider it murder
—that word has overly negative connotations

в нашей нежной новозаветной культуре —
а просто диалектическим витком,
повторяя по памяти цитаты из «государства и революции»)

одного кота звали олег, другого звали олег

in our sensitive New Testament culture
—I'd simply think of it as a dialectical spiral
all the while quoting Lenin's The State and Revolution *from memory)*

one of the cats was named Oleg, the other one was named Oleg

Стасе М.

пустота
из которой
сделаны все девчонки

пустота
из которой
сделаны все мальчишки

пустота
из которой
всё приходит
и в которой
всё исчезает

пустота
над которой
висит дмитрий пригов

To Stasya M.

the emptiness
that all girls
are made of

the emptiness
that all boys
are made of

the emptiness
that everything
comes from
and into which
it all disappears

the emptiness
over which
Dmitri Prigov hangs

в электромобиле tesla

пустота
которую
пригов
забрасывает стихами

пустота
о которой
читает гоне.флудд

пустота
обменять онлайн

скачущий курс
пустоты

пустота
между вдохом
и выдохом

пустота
между строк
любимого стихотворения

in a Tesla electric car

the emptiness
that
Prigov
bombards with poems

the emptiness
GONE.Fludd
reads about

the emptiness
of online currency exchanges

the volatile exchange rate
of emptiness

the emptiness
between an inhale
and an exhale

the emptiness
between the lines
of a favorite poem

пустота
множественных отражений

пустота
которую мы отправляем
друг другу

пустота
между роликами в ютубе

пустота
о которой никому не известно точно
как именно она работает

пустота
о которой запрещено
говорить вслух

не слишком ли много
не слишком ли много

холодные города сибири

the emptiness
of manifold reflections

the emptiness
we send
each other

the emptiness
between youtube videos

the emptiness
whose workings
no one can truly explain

the emptiness
we're forbidden
to talk about out loud

isn't it too much
isn't it too much

the cold cities of Siberia

лесной огонёк

промышленные города
засыпанные снегом

промышленные сибирские города
без истории
без идентичности

«когда мы жили в сибири
никто из нас не помнили
ни боли ни тоски
а просто шли
и возвращались
шли и возвращались»

пишет оксана васякина

«как будто история это маленький шарик стеклянный
она закатилась за холодильник»

(очень хорошее стихотворение
написала оксана)

a small forest bonfire

industrial cities
buried under snow

industrial Siberian cities
without a history
without an identity

"when we lived in Siberia
none of us remembered
the pain or the melancholy
we simply left
and came back
we left and came back"

writes oksana vasyakina

"as if history is a small glass marble
that has rolled under the fridge"

(oksana wrote
a very good poem)

пустота
в платье

пустота
в джинсах

пустота
голая
и рыдающая
на кровати

пустота
за прилавком

пустота
на конференции

пустота
за рулём

пустота
на бульваре

пустота

emptiness
in a dress

emptiness
wearing jeans

emptiness
naked
and weeping
in bed

emptiness
behind the counter

emptiness
at a conference

emptiness
behind the wheel

emptiness
on the boulevard

emptiness

на чиле

пустота
и дети

пустота
исчезает в полдень

продолжи
это стихотворение
когда наше дыхание
стало равным

давай закажем
пустоту

пустота
и пустота

маленькая пустота
в большой пустоте

пустота
электроника

on ice

emptiness
and children

emptiness
disappears at noon

continue
this poem
when our breathing
gets even

let's order
emptiness

emptiness
and emptiness

small emptiness
in great emptiness

the emptiness of
the children's film character *Elektronik*

я приду к тебе на помощь
я с тобой пока ты дышишь

пустота
движется во все стороны сразу

это стихотворение

написано

для стаси

на следующий день
после чтений в библиотеке лермонтова

(и для никиты)

I will come to your aid
I'm with you as long as you're breathing

emptiness
moves in all directions at once

this poem
was written
for stasya

the day after
the readings at lermontov library

(and for nikita)

Irina
Kotova

Irina
Kotova

Irina
Kotova

Irina
Kotova

TRANSLATED BY
MATVEI YANKELEVICH

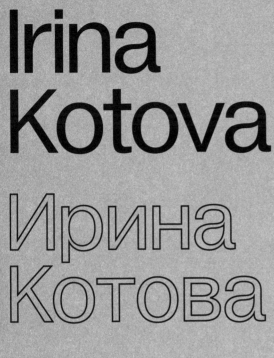

Ирина
Котова

Ирина
Котова

Ирина
Котова

ПОД НОГТЯМИ

под ногтями —
чернозём как трясина
он высасывает корнями
пожирает чревом
адама еву
дом машину
отца и сына
молящихся в храме
муху в оконной раме
он вещает своей утробой:
путь твой — невежество и сума
терпи терпи не сходи с ума
не тебе ль везло?
не прикрыть все зло
ни фатой ни робой
ни крышкой гроба
под ногтями —
запрет ошибаться дважды

under the nails

under my nails—
the black earth, a quagmire
its roots swallow
its womb devours
eve and adam
the house the car
the son the father
the supplicants
the fly on the windowpane
from its womb its voice booms:
your path is ignorance and squalor
grin and bear it, don't lose your cool
weren't you lucky in life?
neither robe nor veil
nor the coffin lid and nail
can cover over this omen
under your nails—
a strict interdiction against

война как жажда
как пустыня сахара
коптится людское сало
в жаре свинца и хмеля
не умереть в постели
под ногтями —
каждый твой предок
боль клеток

twice making the same error
a war like a thirst
like the sahara
human suet curing in the heat
hops-drunk, lightheaded, leaden
you won't die in your bed
under the nails—
each and every ancestor
and pain in every cell

поиски реальности

1

ветер скручивает дома реальности

как стиральная машина бельё в режиме «сушка»

будто хочет убрать всё лишнее

независимо от силы ветра

порой сложно различить себя и свой iphone

кто кому — мебель

но вот

ты совмещаешься со щёлкой дверцы шкафа мобильного телефона

скользишь из неё шёлком чёлки на свободу

но тебя никто не замечает на улице

реальность — лишь граффити не снесённых гаражей и
трансформаторных будок

стрит-арт переворачивает пространство ярким наружу

но глаза по-прежнему живут в прямолинейном свете экрана

если там — любовь

in search of reality

1

the wind wrings out the houses of reality
like the washing machine on spin-dry
as if it wants to take away all the excess
no matter the force of the wind
it's sometimes hard to distinguish oneself from one's iPhone
who's giving it to whom—furniture
and yet
you coincide with the chink in the wardrobe door of the mobile phone
you slip out of it—silky as freshly cut bangs—to freedom
but no one notices you on the street
reality is barely graffiti
on torn-down garages and electrical substations
street art overturns space, turns its bright side out
still my eyes only live in the straight-ahead light of the screen

if there's love there—is there?

даже треск тока не создаёт напряжения в твоих зрачках
и даже опыт смерти — ничто

по сравнению с летучими осколками
виртуальности

2
течение жизни — беспредельное рассечение материи
мозаика запятых запятнанная каплями спермы крови желчи
полоскание лица в раковине вокзальных туалетов
многослойное манипулирование машиной времени
в попытках вернуть первородство собственного мяса
схожесть пустых сигаретных пачек с любовью
цветастые гуппи воспоминаний детства в рюмке

иногда —
открытая форточка
полёт из неё на су-27

и
наконец —
осознание собственной ирреальности
из-за спины реаниматолога бьющегося над телом
в тридцать третьем кадре реальности

even the crackle of current won't build up voltage in your pupils
and even living through death is barely anything

compared to the airborne shards
of the virtual

2
the current of life—limitless dissection of matter
mosaics of commas stained with droplets of sperm, blood, and bile
your face rinsed in the sink of train-station restrooms
the time machine's many-layered manipulations
in the attempt to give back the birthright of one's own meat
love's resemblance to empty cigarette packs
the gaudy guppies of childhood reminiscence in a shot glass

sometimes—
an open transom
from which an su-27 takes off

and
finally—
the realization of one's own irreality
glimpsed over the shoulder of the medic fighting to resuscitate a body
in reality's thirty-third frame

некоординированной системы координат

где — ты
что — ты
кто — он
где — он
в чём они/не они —
бог/пустота/вещественность существ

может в третий пятый шестой дни творения
на самом деле
ничего не случилось

но разве бабушка не стояла в очереди за серой колбасой-буханкой
не покупала водку по талонам — слесарю на опохмелку

или в ленте facebook только что —
не появилась женщина в каске бронежилете с минометом
а под фото — две тысячи лайков

всё это —
реальность?

its uncoordinated system of coordinates

where—are you
what—are you
who's—he
where—is he
they/not they—in what
god-void-materiality of essential creatures

perhaps on the third, the fifth, the sixth day of creation
in fact
nothing happened

but what about grandma
didn't she stand in line for the gray sausage or loaf
didn't she give her ration of vodka to ease the carpenter's hangover

or, just now, in the facebook feed
a woman in a hard hat and a bulletproof vest wielding a mine-thrower
and under the photo—two thousand likes

all this
is reality?

я

кажется

знаю

что будет завтра

3

ванная комната в серых бинтах негативов

тусклый свет раскрывает очертания домов животных людей
    звёздного неба

только на фотобумаге — одно молоко

будто нет ничего и нет тебя

будто бордюры лежачие полицейские битые бутылки
    раздавленные дождевые черви

не сдвигают металлические части робота внутри тебя

будто любовь

не встраивает тебя навсегда

в материнское плато времени

и тебе уже кажется: белая бумага — не пустота

а ветер

всего лишь пойманный ветер

но открывается дверь

I think
I know
what tomorrow
will bring

3

the bathroom strewn with the gray bandages of drying negatives
the dim light reveals outlines, silhouettes
of houses, animals, people, the star-studded sky
but on paper, it all comes out muddy milk
as if nothing exists and you're not there either
as if it's all borders, prostrate policemen, broken bottles
squashed earthworms in puddles of rain
they don't shift the metal gears, the work inside you
as if love
doesn't embed you, doesn't root you forever
in the maternal plateau of time

and it already seems that the white paper isn't a void
but wind only
just the wind caught in a trap

then the door opens

за ней реальность —

умер/убит

4
прошлое — не всегда камень
настоящее — не всегда кисель
будущее — не всегда воздух
иногда они приобретают идентичную структуру

заходят в гости

например
святая троица каждый день ужинает в трактире для
    дальнобойщиков возле трассы м-4

на неё никто не показывает пальцем

behind it—reality:

he's dead, one of the fallen

4
the past isn't always a stone
the present, not always fruit syrup
the future, not air, not always
sometimes they achieve an identical structure

they come by for a visit

for instance
the holy trinity dines every day
in a trucker's tavern on the M-4 expressway, along the Don

no one will lift a finger to point it out

Александра Цибуля

Александра Цибуля

Aleksandra Tsibulia

Translated by Catherine Ciepiela

На въезде в город пронзительный
небоскреб, вычитающий зрение, по силе
воздействия равный удару молнии. В тот день
осень осознана как слепота, короткий
провал / ошибка в кинопроцессе,
вызванная разрывом магни
тной ленты. Ускользающий руль, никого
не щадящий, всё заливающий свет,
становящийся ясностью.

On driving into the city there's a piercing
skyscraper, canceling vision, equal in shattering
force to a lightning bolt. On that day
autumn registered as blindness, a brief
gap / error in the film process
caused by a rupture of magne
tic tape. The wheel slipping, sparing
no one, light spilling over everything,
becoming clarity.

Листьев нет, безрадостно. Недели и месяцы
монотонной кропотливой работы, без прикосновения.
Позднее лето и старушки на набережной, в спущенных стрингах:
до них никто уже не дотрагивается с любовью,
кроме этого скупого солнца.
Я больше не думаю, что поэзия должна быть непрозрачной,
она должна быть строгой и доверительной.
Снег падает ровно, на маленькие фиолетовые цветы,
как если бы тот, кого ты любишь, был где-то поблизости.

The leaves are gone, it's bleak. Weeks and months
of monotonous, painstaking labor and no contact.
Then comes summer and old women lie on the embankment in their
    underwear:
no one touches them with love anymore
except this meager sun.
I no longer think poetry should be opaque,
it should be severe and confiding.
Snow falls evenly, onto small purple flowers,
as though the person you love were somewhere nearby.

Когда муха садится на лицо любимого существа,
которое уже не способно отогнать её, и нахально
ходит по лицу бесстыжими лапками, а ты,
ты, обездвижен, ты боишься нарушить течение церемонии,
в которой и так не слишком много величия,
ты не можешь спасти её даже теперь, после всего; скоро
ты придерживаешь в машине и гладишь рукой гроб,
недоумевая, как этот предмет мог когда-либо внушать
тебе страх, ты понимаешь, что это и есть
самые последние прикосновения, которые с тобой останутся.

When a fly lands on the face of a cherished being
no longer able to wave it off, and walks impudently
across her face on shameless legs, and you,
you, frozen in place, you fear disrupting the ceremony,
already lacking in grandeur,
nor can you save her now, once it's over; soon
you're in the car holding on and stroking the coffin,
marveling that this object ever could have
frightened you, you understand these are
the very last caresses left you.

Просто ночь, с белыми стволами деревьев,
которая нас склоняет к исчезновению,
и самое близкое существо
переходит в ряды невидимых
«через прозрачность», как в видеомонтаже.
— Милый призрак, что в этих случаях делают?
— Измождают тело, отупляют ум.

It's simply night, with white trunks of trees,
that inclines us toward disappearance,
and the being closest to us
crosses into the ranks of the invisible
"through transparence," as in video montage.
"Beloved shade, how do they make this happen?"
"They exhaust the body, numb the mind."

Дал родовое имя, чтобы применить как функцию.
Башни вырезаны из светящегося вещества
и наложены на трагический фон.
Край облака обратился в ледник:
но не шли к леднику,
находясь в обстоятельствах сломанной речи
и опоздания.
Пронзительно больно возник просвет,
как жаберная щель китовой акулы.

He gave me a generic name to perform a function.
Towers were carved from a shining substance
and superimposed on a tragic background.
The cloud's edge became a glacier:
but no one walked toward the glacier,
caught in a situation of broken speech
and belatedness.
A shaft of light appeared, sharply painful,
like the gill slit of a whale shark.

Вечерний маршрут, проложенный
среди клочьев поэзии. Красный человек,
уснувший в береговой зоне,
в качестве молчаливого спутника,
его опасные знакомцы, говорящие
мне «Здравствуйте» на пустыре.
Парус, скользящий вдоль сумерек,
мерцание моста, скрадываемое туманом.
Песок, пёс, линия отрыва и повсеместная
влажность, разрешающая волосам
быть свободными, а сердцу пустым.
Чувство сбывающегося горизонта
и встречи с собой, без свидетелей, возле ЗСД,
без ожиданий, без страха, без надежд.

The evening's itinerary, which runs
through shreds of poetry. A red-faced man
who fell asleep in the shore zone
in the role of silent companion,
his dangerous pals saying
"hello" to me in the vacant space.
A sail sliding along the dusk,
the bridge's glimmer being covered by fog.
Sand, a dog, the line of separation, and universal
humidity, allowing your hair
to be free and your heart, empty.
A feeling the horizon is coming into being
and you're encountering yourself, unwitnessed, near the ZSD,
no expectations, no fear, no hopes.

Оксана
Васякина

Oksana
Vasyakina

TRANSLATED BY ELINA ALTER

Ода смерти

1

за пару недель до своей смерти мама призналась что когда она
перестала вставать
она заметила что выделения на ежедневной прокладке странно
пахнут

я спросила ее: на что похож этот запах?
и она ответила: этот запах похож на старый корабль который не
спустили на воду
и тогда я пошутила что мама стала поэтом
и мама немного мне улыбнулась. мне кажется она не поняла,
почему я назвала её поэтом ведь это так просто
лодочка вагины истлела
так и не спустилась на воду и жизнь ее остановилась как будто
жизни не было никогда
а всегда был воздух тяжелой немой беспомощности и боли
а ещё труд терпения
и теперь она лежит на диване как серый избитый остов

Ode to Death

1

a few weeks before her death my mother confessed that when she stopped
    getting up
she noticed the discharge on her daily liner had a strange odor

I asked her: what was the odor like?
and she said: the odor was like an old ship that was never launched into water
and then I joked that my mother had become a poet
and she smiled at me a little. I don't think she understood why I called her a
    poet since it was really so simple—
the little boat of the vagina had rotted
had never made it to water and her life had stopped as though there never
    was a life
but always an air of heavy dumb helplessness and pain
and the work of enduring
and now she lies on the couch like a gray weathered hull
and life never did happen

а жизни так и не случилось

мы спим валетом на одном двустворчатом хлипком диване и вместе
    ждём ее смерти
смотрим телесериалы про преступников и ментов
на маминых глазах ежедневно умирают десятки людей
и мне хочется верить что так она привыкает к мысли о собственной
    смерти
она видит застывшими глазами как менты спасают наш русский
    немыслимый мир
а я сижу на полу рядом с ней и тоже смотрю
и как будто в этом совместном бесконечном просмотре телесериалов
я ей признаюсь в своей дикой безответной любви
и она молча ее принимает

а весна напирает бежевым жестоким животом и вот-вот реки и ерики
    набухнут от мутной талой воды
вот-вот разразится зелень ослепительной наготой
а весна нажимает бежевым жестоким животом
и мать скомкавшись калачиком после укола
успокоившимся лицом смотрит на ветки режущие предвечернее
    южное небо
и в ней нет усталости только тихая невесомость дрожит

we sleep head-to-toe on the same hinged flimsy couch and together we wait
    for her death
watch tv shows about criminals and cops
before my mother's eyes tens of people die daily
and I want to believe that this way she gets used to the idea of her own death
she watches glassy-eyed as the cops save our russian unimaginable world
while I sit on the floor next to her and also watch
and it's as if in this joint endless viewing of tv shows
I confess to her my wild unrequited love
and wordlessly she accepts it

while spring presses in with its beige brutal belly and any second the rivers
    and rills will swell with the murky water of the thaw
any second the grass will burst out in its dazzling bareness
while spring presses in with its beige brutal belly
and my mother curled into a ball after her injection
looks with a tranquil expression at the branches slicing the twilight
    southern sky
and there's no fatigue in her only a quiet weightlessness trembles

we sleep head-to-toe on the same couch
I look into her bright eyes turning brown in her gray childish head and say
    nothing
just look at her as half-asleep she moves her toes

мы спим валетом на одном диване

я смотрю в ее коричневеющие яркие глаза на детской серой голове и
   ничего не говорю

просто смотрю как она в полудреме шевелит пальцами на ноге

слушаю как она попискивает во сне и говорит — нет нет не надо

и как блюет

старается очень тихо блевать чтобы меня не будить

и я ей подыгрываю делаю вид что сплю

чтобы своим вниманием ее не тревожить

я спросила ее откуда в ее голове взялась эта метафора запаха

но она не смогла мне ответить

мне хочется верить что весь страшный предсмертный мир

это мир образов и даже темные выделения кажутся чем-то что
   наполнено смыслом

как будто истертый диван песочного цвета это тихий разомкнутый берег

и плач телевизора это сложный ансамбль крика чаек воды и шелеста
   трав

и что ей не больно а просто

она — серая лодка

лежит и ждет исчезновенья

или даже не ждет

а просто лежит

и так она будет всегда

listen as she squeals in her sleep and says "no no don't"
as she pukes
she tries to puke very quietly so as not to wake me
I play along with her pretend to sleep
so as not to bother her with my attention

I asked how she came up with this metaphor of the odor
but she wasn't able to tell me
I want to believe that the whole horrifying deathbed world
is a world of appearances and even the dark discharge seems like
    something imbued with meaning
as though the worn couch the color of sand is a quiet open shore
and the cry of the television is a complex ensemble of the cries of gulls
    water and rustling grass
and that she isn't in pain but only
a gray boat
lying and waiting to disappear
or not even waiting
just lying
and thus she will remain forever

2
before my eyes night turns into a wild furious unsightly garden

2

ночь перед моими глазами превращается в дикий неистовый сад
    безобразный
*

я хотела ее для себя объяснить и перепридумать
*

и другим показать что в ночи нет страшных затей а только другой
    распознанный мир
состоящий из тысячи языков и конструкций
придуманных мертвыми тяжелыми злыми умами
но нет мертвецов они все
среди нас поселились
и приобрели наши черты и желанья они стали нами
вернулись как наши люди
и больше чем нами они нашим миром стали

мать умирала медленно и молчаливо
долго дышала на своем маленьком твердом диване
перед уходом моим она поднялась и присела
только сказав — может быть ты на прощанье меня поцелуй
и я подошла и поцеловала
как будто бы эта ласка была не прощаньем
а бесконечная мягкая ласка с животным оттенком безвременья
поцеловала ее в серое тонкое ухо

*

I wanted to explain and reimagine her for myself

*

and to show others that there are no evil schemes in the night only another
   known world
consisting of a thousand tongues and constructions
made up by dead difficult evil minds
but there are no dead all of them
reside here among us
and have taken on our features and desires they have become us
come back as our people
and more than us they have become our world

my mother died slowly and silently
she breathed for a long time on her hard little couch
before I left she raised herself up and sat
saying only "maybe you should kiss me goodbye"
and I went and kissed her
as though the tender gesture weren't a farewell
but a ceaseless soft gesture with an animal tinge of timelessness
kissed her on her gray delicate ear
and put my hand on her head with its tangled hair
she was all soft as though made out of wool
as though warmth had for a moment returned to her body

и положила руку на голову со спутанными волосами
она была мягкой вся как будто из шерсти
как будто бы в тело ее на мгновенье вернулось тепло
и жизнь вернулась
и последнее прикосновенье
в ней отдалось животным ласковым кратким толчком
живой несвершившейся жизни

она умирала
как умирают деревья
или большие тяжелые организмы
молча но так
что пространство вокруг рябилось
от каждого материного выдоха
молча но так
что каждая капелька жизни которую она отдавала миру живых
освещала пространство
ярким сгустившимся светом как в августовском предвечерье
и медленно мать умирала

я вижу смерть а остального не вижу
ею прошит словно светом наш неистовый мир
мир безупречный как светлый сияющий хаос

and life had returned
and this final touch
resounded in her as an animal tender short jolt
of live never-happened life

she was dying
the way trees die
or large heavy organisms
silently but so
that the space around them ripples
from each of my mother's exhalations
silently but so
that each little drop of life she gave to the world of the living
illuminated space
with a bright condensed light like in the early evenings of august
and my mother died slowly

I see death but I don't see the rest
it is stitched like light through our furious world
flawless world like a light shining chaos

the world is flawless as though it were the head
of a hideous yellow monster it is flawless like a beast
like the head of my now forever dead mother dead

мир безупречен как если бы он голова
безобразного желтого монстра как чудище он безупречен
как голова теперь навсегда мертвой матери мертвой
или ее вздернутый желтенький нос

мир безупречен
как мертвая мать что лежит
в красивом гробу обитом небрежно рабочими ласковым шелком
   прозрачного цвета песка

он безупречен как мертвое материно тело
он свершившийся и безупречный
как горсточка винограда
светящая сквозь хрупкий на солнце остекленевший пакет

и мать безупречно свершенная
в черной косынке лежала
как будто бы все что я выбрала для нее напоследок —
покрывало из белоснежно-жемчужного атласа
и нежные с оторочкой тапочки
все что ее окаймляло
было грамматикой света
и свет и ее рыхловатая кожа словно коры лишенное взрослое
   дерево

or her turned-up yellowish nose

the world is flawless
like my dead mother who's lying
in a beautiful coffin carelessly draped by the funeral workers in delicate
    silk the see-through color of sand

it is flawless like the dead body of my mother
it is complete and flawless
like a bunch of grapes
shining through a brittle bag stilled in sunlight

and my mother is flawlessly complete
she lay there in a black kerchief
as though everything I had picked out for her in the end
the blanket made of snow-white pearly satin
and the fine slippers with trim
all that outlined her
was a grammar of light
and the light and her loosening skin like a barkless mature tree
were more honest and more beautiful

night comes but day is more frightening and more beautiful
at twilight all the clouds appear above the rooftops like remembrances

были честнее и краше

ночь наступает но день страшнее и краше
в сумерках дня все облака проступают над крышами как
    воспоминанья
как страшная боль и угроза
как белое тело тревоги и раздетое тело угрозы
ночь наступает как сложное освобожденье лица и органов духа
ночь наступает и в ней я распознаю ничего
кроме черной стены безопасности небытия

мать умерла на казенной жестокой постели
без музыки голоса и прикосновенья тепла
глаза ее были открыты как будто
невидящие они прорезали пространство
и смотрели туда где маршрут свой протачивала приближаясь
    тонкая смерть
глаза ее были открыты
и одногрудая грудь распахнута воздуху
словно она уже невесомо как корабль плыла
а за ней шлейфом тянулись голубые желтые розоватые простыни
простиранные до одуревшего света
уложенные чужими казенными руками медицинских работников
она глаз не закрывала

like a horrible pain and a threat
like the white body of terror and the undressed body of a threat
night comes like a complex liberation of the face and the organs of
    the spirit
night comes and I recognize nothing in it
except a black wall safety unbeing

my mother died on a stiff government-issue bed
without the music of a voice or a touch of warmth
her eyes were open as though
unseeing they sliced through space
and saw where burrowing its way delicate death approached
her eyes were open
and her single-breasted chest bare to the air
as though she were already weightless like a ship sailing
and trailing behind light blue yellow pinkish sheets
washed threadbare to a stupefied light
laid out by the unfamiliar government-issue hands of medical personnel
she didn't close her eyes
as though in moving toward death
she was gathering space into herself like a sail
like a fine worn by hard labor torn furious sail
stitched through all of its crossbar

как будто в движении к смерти
она набирала в себя пространство как парус
как тонкий избитый тяжелым трудом худой неистовый парус
прошитый через все свое поперечье

мать умерла и страшный мир остановился
он стал целым как будто он есть строгая безупречная капля
сияющая бесконечно
и режущая сознание
неистовой четкостью

3
что-то неясное бьется над бешеной степью
с ночью душнее дышать
и кашель разбивает пространство как камень

и я ничего не вижу кроме разбитой угрюмой жизни Андрея
который немыми глазами просил оставить материно тело на этой
    земле
но я ее увезла в гладком хромированном сосуде в нашу Сибирь
он спит на полу в крохотной кухне
между стиральной машиной которую мать сюда привезла из
    Сибири и подоконником
он кричит во сне он завывает как тяжелый израненный вепрь

my mother died and the horrifying world stopped
it became whole as though it were a severe flawless droplet
shining without end
and cleaving consciousness
with furious clarity

3
something obscure beats above the frenzied steppe
at night breathing becomes stifled
and a cough shatters space like a rock

and I see nothing except the ruined grim life of Andrei
who asked me with mute eyes to leave my mother's body on this earth
but I took her away in a smooth chrome-plated container to our Siberia
he sleeps on the floor in the tiny kitchen
between the washing machine my mother brought from Siberia and the
    windowsill
he shouts in his sleep he howls like a heavy wounded boar
like a one-eyed god
like the caverns of the earth
he howls in the streaming light
of the Russia-24 tv channel
and the tv voices shout disgorge a magical clichéd fanatical worn-out
    russian world

как бог одноглазый

как подземелье земли

он завывает в льющемся свете

телеканала Россия 24

и голоса телевизора кричат вырыгивают волшебный истасканный
    фанатичный русский исхоженный мир

он то говорит то замолкает

то рычит как лезвие грубой пилы застрявшей во влажном тугом теле
    коричневой древесины

и он обращается к матери

как он к ней обращался всегда пока она оставалась живою и даже после

он в рыке своем поет: Доча! Доча! Не уходи!

так странно было всегда

он дочерью ее называл свою тяжелую жестокую женщину с
    деревянным лицом

и когда она была одногрудой

он с жалостью ее любил

как будто она и правда была его дочь

слабая дочь с пугающими волосами

когда она уже не жила

а плыла на простыне

как скомканное привидение

now he speaks now he grows silent
now he roars like the blade of a coarse saw lodged in the damp tight body
    of brown wood
and he speaks to my mother
the way he always spoke to her while she was alive and even after
in his roaring he sings: Daughter! Daughter! Don't go!
so strange he always did
call her daughter his difficult severe woman with a wooden face
and when she was single-breasted
he loved her pityingly
as though she really were his daughter
his frail daughter with frightening hair

when she no longer lived
but just sailed on the sheet
like a balled-up ghost
and all her feminine awkwardness because of the missing breast had
    fallen away leaving just the yellowish body
he saw her in an unfastened gown
and in her pre-death floating she no longer saw that her breastless breast
    and her wild pathetic old age were out in the open for people to see
he tried to cover her woman's disgrace
and cried the way that dumb beasts cry
and wiped blood from her lips

и вся ее женская скованность от потерянной груди осы́палась
    оставив здесь только желтоватое тело
он видел ее в расстегнутой распашонке
и она в предсмертном парении уже не видела что на люди
    выставлена ее безгрудая грудь и дикая жалкая старость
он старался прикрыть женское ее безобразье
и плакал вот так как плачут молчаливые звери
и кровь с ее губ вытирал
и с ложечки старался вливать ее последнюю жухлую воду

что-то неясное вьется над бешеной степью
степь прозревает тебя
рассматривает тебя тело твое и лицо
и беснуется беснуется на ветру
ночь в степи безупречна
страшная как желудок больной увечной коровы
дикая как снегирь мертвый на сером сугробе

что-то неясное мечется над разнузданной степью
это и есть она голая степь
она бьется в тебя
и ты ей не станешь преградой
она на тебя глядит так как если ее совершенно не существует

and tried to spoon-feed her the last of the stale water

something obscure whirls above the frenzied steppe
the steppe enlightens you
studies you your body and your face
and rages rages in the wind
the steppe night is flawless
horrible like the stomach of a sick crippled cow
wild like a bullfinch dead on a gray snowbank

something obscure speeds above the unsaddled steppe
that's her the naked steppe
she beats against you
and you'll be no barrier for her
she looks at you as if she utterly didn't exist

the steppe sings
as a beautiful merciless canvas
beats beats tirelessly against the windows of the car

and now she looks into you like a poor hoarse daughter

and now she's looked into you and that feeling convinces you to collapse
    into painlessness

степь поет

красивым жестоким полотном

бьется бьется без устали в окна машины

вот она смотрит в тебя как сиплая нищая дочь

вот она засмотрелась в тебя и это чувство тебя убеждает рухнуть в
    безболье

что-то неясное мнется над безудержной степью

вот он встает в пять утра и тихо моет посуду

вот он идет на работу в ветре степном и ветра не видит

вот открывает книгу скупую войны и смерти

вот коллектив собирает нищее свое подаянье

измятые полтинники и пятисотки

нежное краткое подаянье

на похороны

на поминки

на жизнь после жизни

вот он идет

вот он спит

вот он изнемогает

великолепный огромный как неистовый зверь крепкий мужчина

с щенячьими мокренькими глазами

something obscure crumples about the unrestrainable steppe
that's him getting up at five in the morning and quietly washing the dishes
that's him going to work in the steppe wind and not seeing the wind
that's him opening the miserly book of war and death
that's the collective gathering their poor alms
creased fifties and five hundreds
tender succinct alms
for the funeral
for the memorial
for life after life
that's him going
that's him sleeping
that's him wearing himself out

glorious enormous like a frenzied animal a sturdy man
with a puppy's little damp eyes

that's him going
that's him going
that's his heart dying

something obscure crumples above the mourning steppe
that's him closing his eyes

вот он идет
вот он идет
вот сердце его погибает

что-то неясное мнется над траурной степью
вот он глаза закрывает
на маленьком твердом диване
на котором моя мать умирала
тяжелый осиротевший мужчина
вот он спит вот он спит
вот он спит и рычит во сне
вот он спит
это Андрей
вот Андрей

4

смерть поджимает и время короткое бьется как тряпка как полотнишко
мать в черном пакете
как если бы мы — это просто в дурацком кино
про криминальные будни озябших бессмертных ментов

и пакет раскрывают с сухим надломленным хрустом
и в нем мать лежит
на поддоне железном как тело

on the hard little couch
where my mother lay dying
a heavy orphaned man
that's him sleeping that's him sleeping
that's him sleeping and roaring in his sleep
that's him sleeping
see Andrei
that's Andrei

4
death squeezes and brief time beats like a rag like a canvas scrap
my mother in a black bag
as though we were just in a stupid movie
about the criminal workdays of chilly immortal cops

and they open the bag with a dry broken-off crunch
and my mother lies inside it
on a metal tray like a body
like a bodily mass
and in the hands of the orderly I notice her head
is heavy like a ripe watermelon
he lifts it with his hands and turns it to me for identification
as though I wouldn't have known her
by her dead turned-away profile

как телесная груда
и в руках санитара ее голова я замечаю
очень тяжелая как назревший арбуз
он в руках ее приподнимает и ко мне обращает на опознанье
как будто в мертвом ее отвернутом от меня силуэте
я б ее распознать не могла
а теперь я точно скажу: да это мама
как будто с захлестом на грудь
ее удлиненное предплечье худое
лимонного цвета я узнать не могла
и затылка со спутанными сероватыми волосами

так работает процедура

время как ветошь время распиленный мякиш
мокрое и прохладой тебя обдает
напоминает о теле
мир тебя не удержит
мир очень слабое место чтобы твой взгляд удержать
и оставить рядом с собою в себе перламутровом мягком
мир раскаленный и в нем такие странные дупла
дупла пусты в них заглянуть очень страшно
как если они это тихие скромные ямы могил
распотрошенных сожженных созданий

while now I can say with certainty: yes, this is my mama
as though by the folded over her chest
elongated thin lemon-colored
forearm as though by that I wouldn't have known her
and by the back of her head with its tangled graying hair

this is the process

time like rags time is sawn-up bread
wet and wafting cold toward you
reminding you of the body
the world will not hold you
the world is a very weak place to hold your gaze
and to keep you by its side inside it its soft mother-of-pearl self
the world is scorching and has such strange hollows
empty hollows and it's horrifying to peer inside them
as though they were the quiet modest pits of graves
of eviscerated burnt beings

Contributors

Elina Alter is a writer and translator. Her translations of Alla Gorbunova's short story collection *It's the End of the World, My Love* (Deep Vellum) and Oksana Vasyakina's novel *Wound* (Catapult) are forthcoming. She is the coeditor of *Circumference*, a magazine of translation and international culture.

Catherine Ciepiela is a scholar and translator of Russian poetry who teaches at Amherst College. She is the author of a book on Marina Tsvetaeva and Boris Pasternak, as well as coeditor, with Honor Moore, of the anthology *The Stray Dog Cabaret*. She also edited *Relocations*, an anthology of three contemporary women poets, Polina Barskova, Anna Glazova, and Maria Stepanova. Her translations have appeared in *The Nation*, *The Massachusetts Review*, *Seneca Review*, *The Common*, *Pequod*, and elsewhere. Her translation of Polina Barskova's poetic essays will appear next year with New York Review Books.

Alla Gorbunova is a poet and prose writer whose work focuses on delicate, elusive questions about the basis of speech and the nature of reality. She was born in Leningrad and has published five collections of poems and three books of prose. Her poetry and prose have been translated into many languages, including a poetry collection in Italian and two books of prose in Italian and Bulgarian. She is the recipient of the Debut Literary Award, the Andrei Bely Prize, and the NOS Prize.

Il'ia Karagulin is a poet, translator, copy editor, and doctoral student in Slavic Languages and Literatures at Yale University, where they research queerness, transness, and disability in twentieth-century Russian literature and poetry. Born in Almaty, Kazakhstan, they now live in New Haven, Connecticut. Their work has appeared in *Hooligan Mag*, *Petfish*, and at The Tank's Flight Simulator.

Martha Kelly is the author of *Unorthodox Beauty: Russian Modernism and Its New Religious Aesthetic* and of numerous essays and scholarly articles. She teaches at the University of Missouri and is currently completing a new translated collection of Olga Sedakova's verse in English and working on a monograph about Sedakova.

Irina Kotova is a poet, prose writer, and essayist based in Moscow. She was born in the southern Russian city of Voronezh and holds degrees from the Voronezh State Medical Institute and from the Literary Institute in Moscow. She is the recipient of two literary awards and her work has appeared in many periodicals, including *Vozdukh, Novy Mir, TextOnly,* and *NLO,* and in four poetry collections. Her poems have been translated into Italian, Romanian, Greek, Portuguese, and English.

Eugene Ostashevsky's most recent translation project was *F Letter: New Russian Feminist Poetry,* an anthology he coedited with Ainsley Morse and Galina Rymbu.

Galina Rymbu is, in the words of *Time Magazine,* "part of a new generation of Russian poets taking up language as a form of political protest, challenging state, societal, and patriarchal norms with poetry that draws from personal experience." Her poetry collection *Life in Space,* translated by Joan Brooks and others, was published recently by Ugly Duckling Presse. She edits *F-Pis'mo,* an online magazine for feminist literature and theory, and is the coeditor of the translation anthology *F Letter: New Russian Feminist Poetry,* released in the US and the UK by Isolarii.

Olga Sedakova is one of Russia's most revered poets today. Born in 1949, she emerged as a writer in the late Soviet Underground. In recent decades she has primarily published translations, essays, and cultural criticism, reflecting her growing importance as a voice of conscience. Sedakova's poetry reflects a "longing for world culture" (Mandelstam) as well as an ongoing attempt to articulate an ethic and aesthetic grounded in Russian cultural traditions.

Ekaterina Simonova is a poet from Nizhny Tagil. Now in Ekaterinburg, Simonova has published six poetry collections and was shortlisted for the 2020 Andrei Bely Prize. Simonova holds a prominent place in the contemporary vanguard of queer and feminist Russophone poetics. In her poems, Simonova plays with prose, deftly constructing simultaneously joyous and melancholy portraits of women and the objects that make a life. Simonova also edits the woman-run poetry series "InVersia."

Nikita Sungatov was born in the city of Prokopyevsk in 1992. He graduated from the Literary Institute named after A. M. Gorky and studied in the PhD program of the Institute of Linguistic Research of the Russian Academy of Sciences. His poems and articles have been published in journals such as *Translit*, *Vozdukh*, and the *New Literary Review*. He is the author of Дебютная книга молодого поэта [Debut book of a young poet] (St. Petersburg: SvobMarxIzd, 2015).

Aleksandra Tsibulia is a poet, literary critic, and art historian who resides in Saint Petersburg and works at the State Hermitage Museum. Born in 1990, she belongs to a new generation of Russian poets who came of age in the post-Soviet era. In 2015 she won the prestigious Arkady Dragomoshchenko Award for young Russophone poets for her distinctive poetics giving attention to the unnoticed lives of people and things. Her first book of poetry, *Путешествие на край крови* (Journey to the edge of blood), appeared in 2014, and she has just published a new book of poetry titled *Колесо обозрения* (The ferris wheel), from which these poems are taken. She regularly participates in international festivals, including this year's PEN World Voices Festival, and her poetry has been translated into English, Italian, Korean, Swedish, and Finnish.

Oksana Vasyakina is a Russian poetess, activist, and curator of cultural projects. She was born in 1989 in Ust-Ilimsk and graduated from the Gorky Literature Institute in 2016. Vasyakina was awarded the Lyceum Prize in 2019. Her first book of poetry, *Женская проза* (Women's prose), was published in 2016, and a cycle of poetic texts, *Ветер ярости* (The wind of fury), was published in 2019. The English-language translation of Vasyakina's first novel, *Wound*, will be published in the US in 2023 by Catapult.

Matvei Yankelevich has translated Elena Guro, Daniil Kharms, Osip Mandelstam, Vladimir Mayakovsky, and Alexander Vvedensky, as well as several contemporary Russian-language poets. He has been awarded fellowships from the National Endowment for the Arts, the New York Foundation for the Arts, and the National Endowment for Humanities, and was a co-recipient (with Eugene Ostashevsky) of the 2014 National Translation Award. He teaches translation and book arts at Columbia University's School of the Arts.

Valeriya Yermishova is a freelance French and Russian to English translator based in the New York City area. She earned an MA in Translation at the Middlebury Institute of International Studies at Monterey (MIIS) and teaches at the Hunter College MA in Translation and Interpreting Program. She is the translator of Viktor Shklovsky's *Life of a Bishop's Assistant* and Sergey Kuznetsov's *The Round Dance of Water*.

Credits

Gorbunova, Alla. "в клумбах у дома…," "в облачной башне…," and "Провинция. Апрель…" from *Внутри звездопада*. St. Petersburg: Limbus Press, 2019. "свечение снега морских рыб и планктона…" and "Замёрзла вода…" from *Пока догорает азбука*. Moscow: New Literary Observer, 2016.

Kotova, Irina. "под ногтями" from *Анатомический театр*. Kharkov: KNTXT, 2019. "поиски реальности" from *#температураземли*. Moscow: New Literary Observer, 2021.

Rymbu, Galina. "Стихи для еды" commissioned by the VII International Moscow Biennale of Young Art. Russian text on *Syg.ma*, posted Nov 13, 2020.

Sedakova, Olga. "Ночное шитье," "Желание," and "Бусы" from *Четыре тома. Том I. Стихи*. Moscow: Universitet Dmitriia Pozharskogo, 2010.

Simonova, Ekaterina. "Я была рада, когда бабушка умерла" and
   "позволь мне говорить за другого" from *Два её единственных
   платья*. Moscow: New Literary Observer, 2020.

Tsibulia, Aleksandra. "На въезде в город пронзительный...," "Листьев
   нет, безрадостно. Недели и месяцы...," "Когда муха садится на
   лицо любимого существа...," "Просто ночь, с белыми стволами
   деревьев...," "Дал родовое имя, чтобы применить как функцию...,"
   and "Вечерний маршрут, проложенный..." from Колесо
   обозрения. St. Petersburg: Jaromír Hladík Press, 2021.

Vasyakina, Oksana. "Ода смерти" from *Рана*. Moscow: New Literary
   Observer, 2021.

CALICO

The Calico Series, published biannually by
Two Lines Press, captures vanguard works
of translated literature in stylish, collectible
editions. Each Calico is a vibrant snapshot
that explores one aspect of our present
moment, offering the voices of previously
inaccessible, highly innovative writers from
around the world today.